저렇게 잘살면서 가게는 **왜** 그렇게 초라한 거지? 아, 일부러 가난한 것처럼 꾸미고, 나라에 세금을 안 내려는 거였군. **나는 정직하게 사업을 해야지!**

좋은 책이 되도록 감수해 준 선생님

어린이를 하늘만큼 사랑하는 선생님 김완기
한국아동문학회 중앙위원장, 한국아동문학회 수석부회장, 국제펜클럽 · 한국문인협회 · 한국저작권협회 회원입니다. 서울서래초등학교 교장으로 일했습니다. 서울신문 신춘문예에 당선되었고, 한국아동문학작가상, 한정동아동문학상, 대한민국동요대상을 받았습니다. 쓴 책으로 〈내 배꼽이 더 크단 말야〉, 〈엄마, 이게 행복인가 봐!〉, 〈마음을 따뜻하게 해 주는 101가지 이야기〉 등이 있습니다.

어린이를 땅만큼 사랑하는 선생님 이창수
한국문인협회 아동문학분과 회장, 한국아동문학회 부회장, 국제펜클럽 회원입니다. 어린이 책 출판사 편집장으로 일했습니다. 한국아동문예작품상, 한국아동문예상, 한국아동문학작가상, 김영일아동문학상을 받았습니다. 쓴 책으로 〈정수가 위험해〉, 〈우주여행〉, 〈공포의 진주 동굴〉, 〈따뜻한 남쪽 나라〉 등이 있습니다.

어린이를 바다만큼 사랑하는 선생님 김병규
소년한국일보 편집국장으로 일하고 있습니다. 한국일보 신춘문예, 중앙일보 신춘문예에 당선되었습니다. 대한민국문학상, 소천아동문학상, 해강아동문학상을 받았습니다. 쓴 책으로 〈희망을 파는 자동판매기〉, 〈나무는 왜 겨울에 옷을 벗는가〉, 〈요리사의 입맛〉, 〈그림 속의 파란 단추〉, 〈아침에 부르는 자장가〉 등이 있습니다.

멋진 글을 쓴 선생님 서석영
익산에서 태어나 대학에서 영문학을 전공했습니다. 〈우리문학〉에 시로 등단했고 〈아동문예〉에 '오해'를 발표한 뒤 동화를 쓰고 있습니다. 샘터동화상, 한국아동문예상을 받았습니다. 쓴 책으로 시집 〈스케치북〉이 있고, 동화책 〈날아라! 돼지 꼬리〉, 〈동물 대장 엉걸이〉, 〈세상에서 가장 작은 눈〉, 〈베 짜는 울 엄마〉, 〈파란 닭 병옥이〉, 〈달팽 수프 지렁 스파게티〉 등이 있습니다.

예쁜 그림을 그린 선생님 장혜련
한국출판미술대전 동화 부문에서 특선(2000년, 2001년)을 수상했습니다. 그린 책으로 〈하늘나라 도둑〉, 〈스테이시의 선물〉, 〈행복한 왕자〉, 〈전통 문양〉, 〈살아 숨쉬는 아름다운 유적지〉, 〈세종 대왕〉, 〈조선왕조실록〉 등이 있습니다.

도전과 희망 64
유일한의 나눔

총기획 및 발행인 박연환 | 발행처 한국톨스토이
출판신고 제406-2008-000061호
본사 경기도 파주시 교하읍 문발리 513-1 출판문화정보단지
대표전화 (02)475-2772 | 팩스 (02)475-2552
연구개발원 경기도 성남시 분당구 금곡동 444-148
대표전화 (031)715-8228 | 팩스 (031)786-1001
고객 문의 080-470-7722

기획·디자인 김현정, 이은선 | 교정 정은교, 김희정, 이영혜, 김지균, 이승희, 윤정민
ⓒ Korea Tolstoi

이 책의 저작권은 한국톨스토이에 있습니다. 본사의 동의나 허락 없이는 어떠한 방법으로도 내용이나 그림을 사용할 수 없습니다.

⚠ 주의 : 본 교재를 던지거나 떨어뜨리면 다칠 우려가 있으니 주의하십시오.
고온 다습한 장소나 직사광선이 닿는 장소에는 보관을 피해 주십시오.

통큰 인물이야기

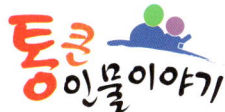

64

유일한의 나눔

글 서석영 그림 장혜련

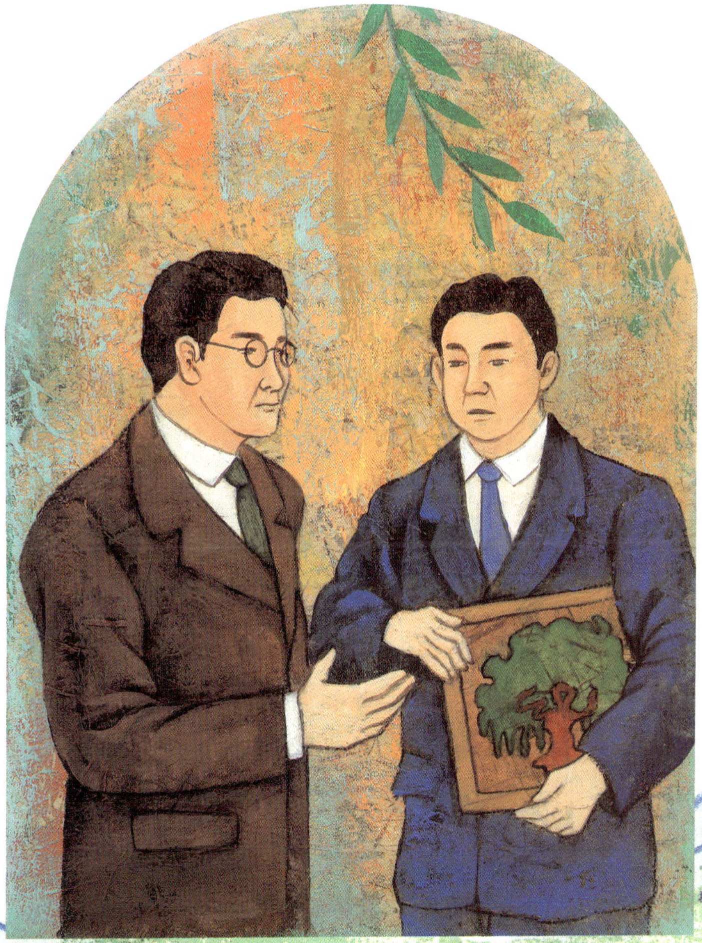

한국톨스토이

유일한은 자기가 번 수많은 돈을
모두 사회에 내놓은 기업가예요.
유일한의 어릴 때 이름은 유일형이었어요.
아버지는 일형이 큰 인물이 되기를 바랐어요.
"일형아, 더 넓은 나라에 가서 많이 배우고,
훌륭한 사람이 되어라."
"네, 공부 많이 하고 돌아올게요."
일형은 열 살 때 미국으로 떠났어요.

통통알림장

그때 우리나라에서는 일본과 중국(청나라)이
서로 싸우고 있었어요. 일본은 러시아와도
싸웠지요. 그래서 나라가 무척 어지러웠어요.

미국에 간 일형은 두 아주머니와 함께 살았어요.
동네 아이들은 자기들과 다르게 생긴 일형을 놀렸어요.
"쟤 좀 봐. 원숭이처럼 생겼다."
일형이 물통을 들고 가자 아이들이 발로 찼어요.
일형이 큰 소리로 화를 내자 아이들은 도망갔어요.
아주머니들은 일형을 달래 주었지요.
"못된 녀석들이니 네가 참아라."

> **통통알림장**
>
> 유일한이 살던 곳은 미국 중북부 지방 네브래스카 주의 커니 마을이에요. 그곳에서 자매인 두 아주머니와 함께 살았지요.

일형은 엄마가 보고 싶어 꿈을 꾸었어요.
어느 날, 엄마가 고향 언덕에 서 있는 게 보였어요.
일형은 마구 달렸지만 엄마는 멀어져만 갔어요.
"엄마, 엄마, 저 여기 있어요!"
일형이 외치는 소리에 아주머니들이 달려왔어요.
"또 엄마 꿈을 꾸었나 보구나."
"쯧쯧, 어린 나이에 엄마랑 떨어져 있으니
얼마나 보고 싶을까."

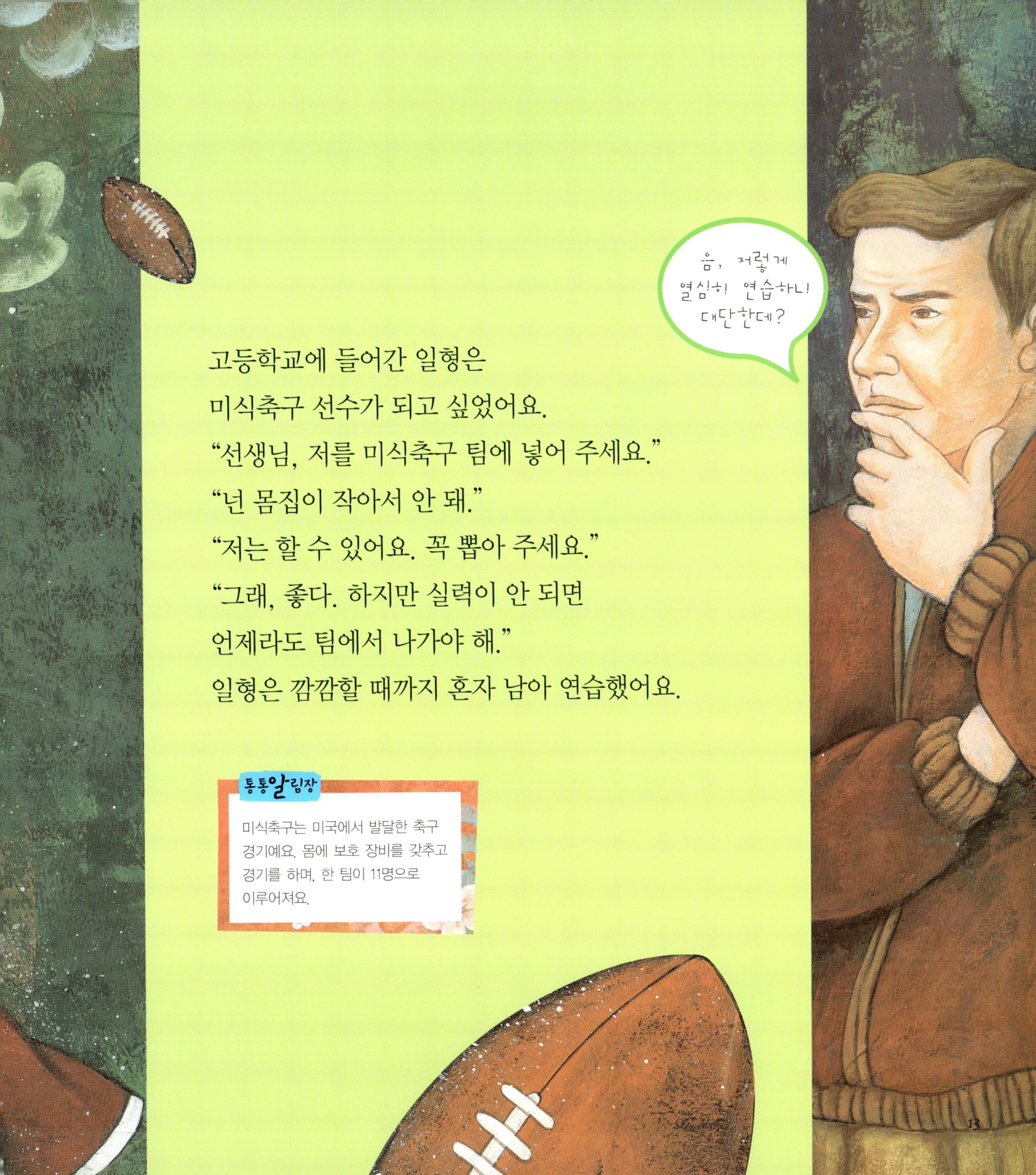

음, 저렇게 열심히 연습하니 대단한데?

고등학교에 들어간 일형은
미식축구 선수가 되고 싶었어요.
"선생님, 저를 미식축구 팀에 넣어 주세요."
"넌 몸집이 작아서 안 돼."
"저는 할 수 있어요. 꼭 뽑아 주세요."
"그래, 좋다. 하지만 실력이 안 되면
언제라도 팀에서 나가야 해."
일형은 깜깜할 때까지 혼자 남아 연습했어요.

통통알림장

미식축구는 미국에서 발달한 축구 경기예요. 몸에 보호 장비를 갖추고 경기를 하며, 한 팀이 11명으로 이루어져요.

일형은 선수들 사이를 요리조리 잘 빠져나갔어요.
"도대체 저 선수가 누구야? 번개처럼 빠르네."
마침내 일형은 학교에서 유명해졌어요.
고등학교를 졸업한 일형은 일본이 우리나라를
강제로 빼앗은 것을 떠올렸어요.
일형은 우리나라를 나타내는 글자인 '한'을 넣어
이름을 '일한'으로 바꿨지요.
"빼앗긴 우리나라를 잊지 말아야지."

대학교에 들어간 유일한은 돈을 벌기 위해
장사를 하려고 했어요.
어느 날, 중국인 가게 주인이 노리개를
만지는 것을 보고 좋은 생각이 났어요.
'자기 나라가 그리워서 저러는가 보구나.'
유일한은 미국에 사는 중국 사람들에게
노리개, 부채를 팔아 돈을 많이 벌었어요.

통통알림장

노리개는 몸을 아름답게 꾸미기 위해
옷에 다는 것으로, 색실로 수를 놓거나
보석으로 꾸미고 실을 늘어뜨린 거예요.

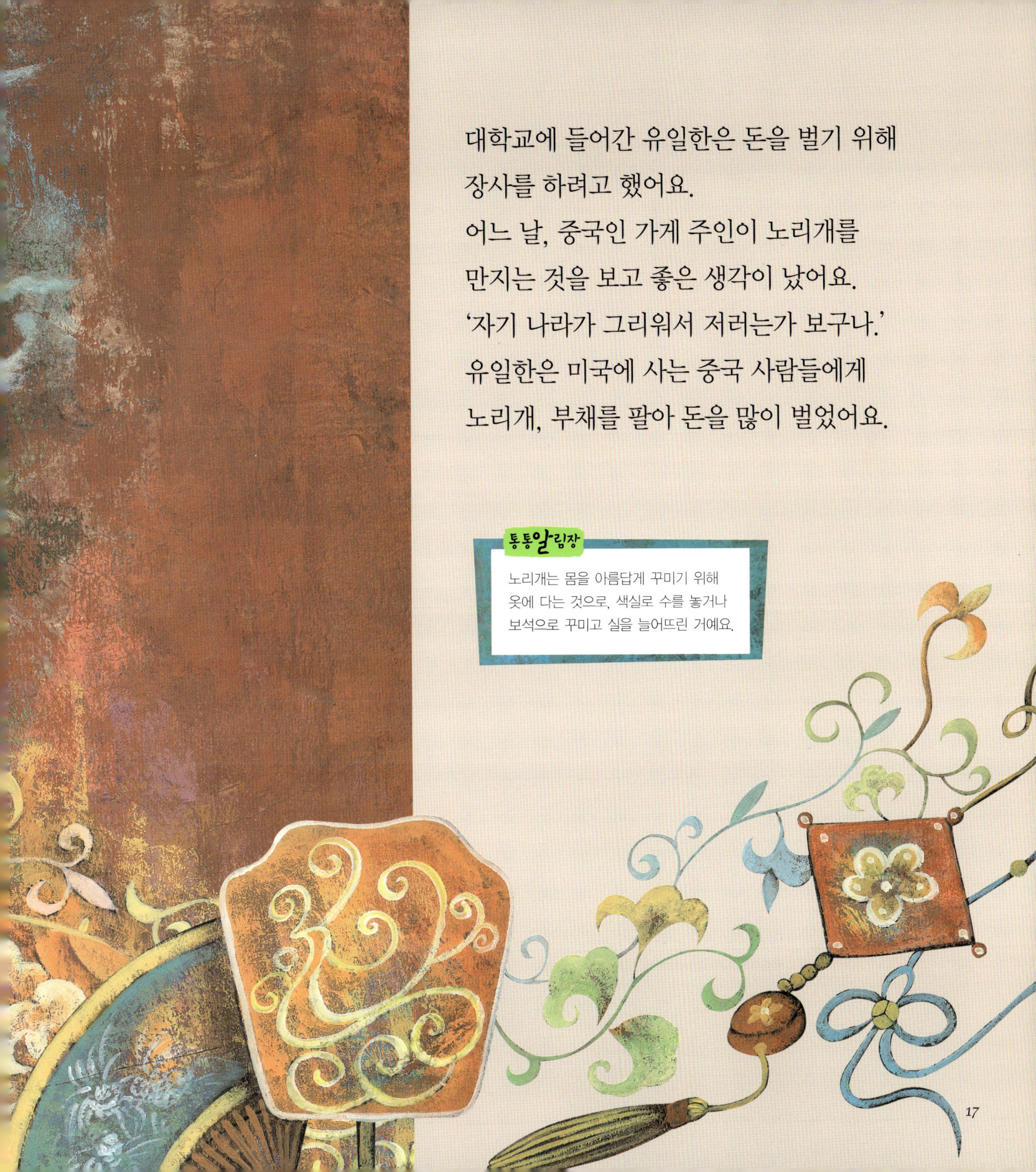

잘살 수 있는데 회사를 왜 그만둬요?

대학교를 졸업한 일한은 전기 회사에 들어갔어요.
"유일한 씨, 아시아 지역을 모두 맡아 일해 주시오."
회사 사람들은 모두 유일한을 부러워했어요.
유일한의 여자 친구 호미리도 축하해 주었지요.
하지만 유일한은 회사를 그만두겠다고 말했어요.
"아니, 왜요? 잘살 수 있는 기회인데."
"나만 잘살면 뭐하겠소. 빼앗긴 나라를 위해
할 일을 찾아야 하오."

통통알림장

유일한이 일했던 전기 회사는 에디슨이
세운 제너럴 일렉트릭이라는 회사였어요.
유일한은 밤늦게까지 열심히 일했답니다.

유일한은 어려움에 빠진 나라를 도우려고
숙주나물을 팔아 돈을 벌기로 했어요.
중국 사람들 만두에는 숙주나물이 꼭 들어갔거든요.
하루는 트럭으로 배달을 하다가 사고가 나서
숙주나물 병들이 와장창 깨졌어요.
다음 날, 신문에 사고에 대한 기사가 실리자,
사람들이 숙주나물을 더 많이 찾았어요.

통통알림장

숙주나물은 녹두에 물을 주어 키운 나물이에요. 콩나물과 비슷하게 생겼어요.

유일한은 숙주나물 통조림 회사를 세웠어요.
주문이 밀려들자 나물을 기를 녹두가 부족해
중국에서 들여왔어요.
어느 날, 녹두를 파는 중국 상인이 유일한을 초대했어요.
그런데 집이 궁궐 같고, 차가 엄청나게 좋은 거예요.
"이렇게 잘살면서 가게는 왜 그렇게 초라한 거지?
아, 일부러 가난한 것처럼 꾸미고,
나라에 세금을 안 내려는 거였군."

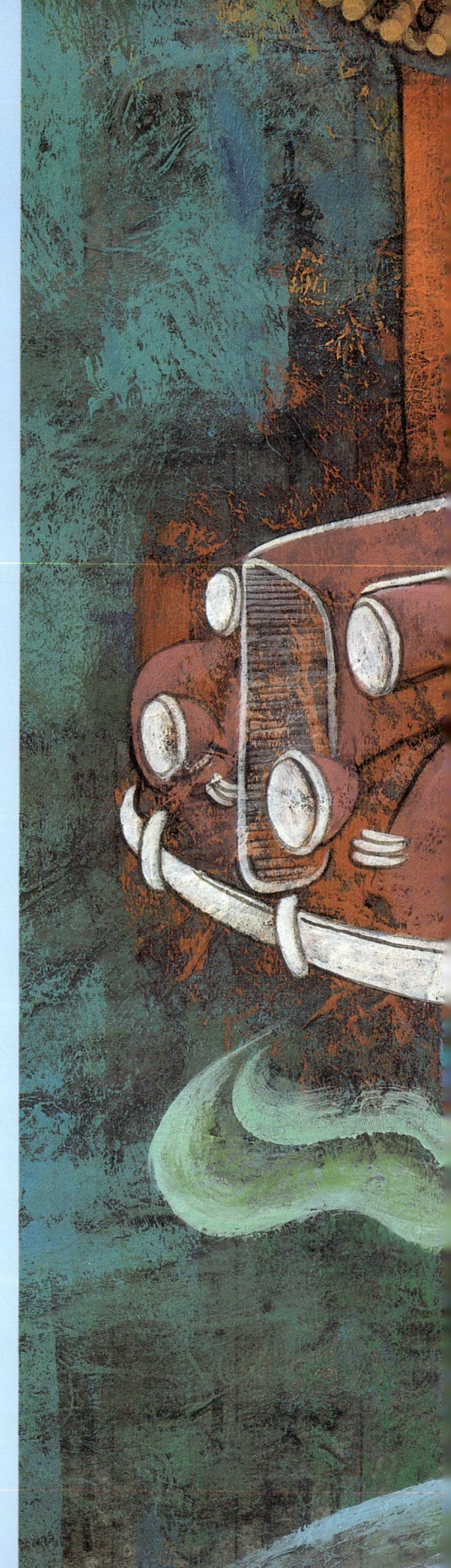

유일한은 녹두를 구하러 우리나라에 왔다가
굶주리고 병든 사람들을 보고 마음이 아팠어요.
미국으로 돌아온 유일한은 일본에 빼앗긴 나라를
되찾기 위해 활동하는 서재필 박사를 찾아갔어요.
"박사님, 우리나라로 돌아가 사람들을 돕고 싶습니다."
"그래, 자네 같은 사람들이 있어야
하루 빨리 빼앗긴 나라를 되찾을 수가 있지."
서재필 박사는 버드나무를 새겨 선물로 주었어요.

"아니, 이럴 수가! 일본보다 더 좋은 약을 만들다니!!"

"먼저 사람들의 목숨과 건강을 지켜야 해."
미국에서 돌아온 유일한은
'유한양행'이라는 약 만드는 회사를 세웠어요.
버드나무가 그려진 약은 아주 잘 팔렸어요.
"유한양행의 약을 썼더니 상처가 금방 나았네?"
그러자 일본이 비슷한 약을 만들어 팔았어요.
하지만 유일한은 훨씬 더 좋은 약을 만들었지요.

일본 사람들은 유한양행을 괴롭혔어요.
잘못을 찾으려고 공장 구석구석까지 뒤졌지요.
마침내 1945년, 일본이 우리나라에서 물러났어요.
어느 날, 대통령이 유일한을 불렀어요.
"돈을 내면 나라의 높은 자리에 앉혀 주겠소."
유일한이 싫다고 하자 대통령은 화가 났어요.
"유일한이 잘못한 점이 있나 샅샅이 뒤지시오."
하지만 아무리 뒤져도 잘못을 찾을 수 없었지요.

유일한은 학생들이 기술을 배워
나라의 힘을 키울 수 있게 학교를 세웠어요.
"학생 여러분, 믿음과 정직이 중요합니다.
나라의 앞날이 여러분에게 달려 있습니다."
그 무렵, 나라에서는 회사마다 세금을 조사했어요.
"유한양행은 1원도 틀린 점이 없는데요."
"그렇다면 정말 훌륭한 기업이로군. 상을 주시오."
유일한은 나라에서 큰 상을 받았어요.

나이가 든 유일한은 건강이 나빠졌어요.
"아버지, 돌아가시면 안 돼요. 흑흑."
유일한은 조용히 숨을 거두고 말았어요.
평생 동안 모은 수많은 재산은 사회에 바치고
빈손으로 떠났답니다.
유일한이 남긴 건 낡은 구두와 양복,
40년 전 딸에게 사 준 장갑뿐이었어요.

통통알림장

유일한의 딸도 아버지의 뜻을 따라 전 재산을 사회에 나누어 주고 세상을 떠났어요.

만나고 싶은 통큰 인물

유일한은 우리나라의 유명한 기업가예요. 어릴 때 미국으로 건너가 공부를 하고, 식품 회사를 세워 많은 돈을 벌었어요. 그 뒤, 우리나라에 들어와 약 만드는 회사를 세웠어요. 사업으로 정직하게 돈을 벌어서 꼬박꼬박 세금을 냈고, 우리나라 발전에 큰 공을 세워 나라에서 훈장을 받았어요. 유일한은 평생 모은 전 재산을 사회에 나누어 준 훌륭한 기업가였답니다.

유일한 : 1895~1971년

▲ 미국으로 유학을 떠나기 전의 유일한(오른쪽) ▲ 미식축구 선수로 활동하던 고등학교 시절의 유일한(가운데 공을 잡은 사람)

1915년
미국 네브래스카 주 헤스팅스 고등학교를 졸업했어요. 미식축구 선수로 이름을 떨쳤어요.

1919년
필라델피아 한인 궐기 대회에 참가했어요. 미시간 대학교를 졸업했어요.

3·1 운동이 일어났어요. (1919년)

1922년
라초이 식품 회사를 세웠어요.

1926년
호미리와 결혼하고, 유한양행을 세웠어요.

제1차 세계 대전이 일어났어요. (1914년)

우리나라가 일본의 지배를 받기 시작했어요. (1910년)

1904년
아버지의 권유로 미국에 건너갔어요.

유길준이 〈서유견문록〉을 완성했어요. (1889년)

1895년
평안남도 평양에서 태어났어요.

청일 전쟁이 시작되었어요. (1894년)

유일한이 태어난 곳
평양
대한민국

▲ 유일한과 딸 유재라

광주 항일 학생 운동이 일어났어요. (1929년)

만주 사변이 일어났어요. (1931년)

1936년
회사를 주식회사로 바꾸었어요.

중일 전쟁이 일어났어요. (1937년)

제2차 세계 대전이 일어났어요. (1939년)

대한민국 정부가 세워졌어요. (1948년)

1964년
유한 공업 고등학교를 세웠어요.

1968년
동탑 산업 훈장을 받았어요.

1971년
세상을 떠났어요. 유언에 따라 전 재산을 사회에 바쳤어요.

중화인민공화국이 국제 연합에 가입했어요. (1971년)

닮고 싶어요
나는 평생 동안 다른 사람을 속이거나 거짓말을 하지 않았어요. 정직하게 사는 게 가장 중요하다고 생각했거든요. 내가 옳고 바르게 살면 다른 사람을 속일 필요가 없어요. 여러분도 친구들을 정직하게 대하면 모두들 마음을 열고 다가와 줄 거예요.

▲ 유일한의 동상

▲ 1955년, 자녀들과 함께 있는 유일한

나라를 위해서 일해야 해!

유일한은 1919년에 미국에서 사람들과 함께 독립 만세 운동을 했어요. 1926년에 미국에서 돌아온 유일한은 병으로 고생하는 우리나라 사람들을 위해 무슨 일을 해야 할까 고민하다가 제약 회사를 세웠어요. 일본의 온갖 괴롭힘도 이겨 내고 이 땅에서 손꼽히는 제약 회사로 키웠지요. 사업이 잘되자 교육에도 힘을 쏟아 학교를 세워 우리나라의 미래를 짊어질 학생들을 키워 냈어요.

▲ 유일한이 유한양행을 세웠던 종로 2가의 덕원 빌딩

정직한 것이 최고야!

아빠가 무척 자랑스러워요! 나도 아빠처럼 살 거예요.

유일한은 늘 정직이 중요하다고 말했어요. "나라가 없으면 기업도 없습니다. 세금을 잘 내야 나라가 발전합니다. 따라서 기업은 세금을 잘 내야 합니다." 유일한은 회사 일을 할 때 1원도 잘못된 것이 없도록 세금을 꼬박꼬박 냈어요. 회사의 돈도 자기 것이라고 생각하지 않았지요. 회사는 가족이나 친척에게 물려주는 것이 아니라 직원 모두의 회사이자 이 사회, 이 나라의 재산이라고 했어요.

번 돈은 사회에 되돌려 주어야 해!

▲ 유일한의 가족(왼쪽부터 유일한, 딸 유재라, 아들 유일선, 아내 호미리)

유일한은 죽기 전에 딸에게 자기가 세운 학교의 땅을 학생들이 마음대로 드나들 수 있도록 꾸며 달라고 했어요. 아들에게는 스스로의 힘으로 살아가라고 했지요. 유일한이 모든 재산을 사회에 바치겠다고 하자 사람들은 깜짝 놀랐고, 신문에도 기사가 크게 실렸어요. 유일한은 번 돈을 어려운 이웃을 돕는 데 써야 한다고 했어요. 유일한의 딸도 스스로 벌어 모은 돈을 사회에 되돌리고 세상을 떠났답니다.

절약하며 부지런하게 살아야 해!

유일한은 평생 절약하며 부지런하게 사는 것이 몸에 배어 있었어요. 그것은 유일한이 미국에 도착해 머무르던 집에서 배운 것이었어요. 유일한이 지내던 집에는 자매가 살고 있었는데, 첫날부터 유일한을 '리틀 유'라고 부르며 반갑게 맞아 주었어요. 그들은 유일한에게 "일을 하지 않으면 먹지도 마라." 하며 부지런함과 절약 정신을 가르쳐 주었답니다.

게으르게 사는 것은 죄를 짓는 것이란다.

통큰 생각 키우기

- 유일한은 평생 동안 키운 기업과 모은 재산을 왜 자식들에게 물려주지 않았나요?
- 유일한은 우리나라를 위해 많은 일을 했어요. 여러분은 이다음에 우리나라를 위해 어떤 일을 하고 싶은지 이야기해 보세요.

수많은 재산을 사회에
나누어 주고 빈손으로 떠난
유일한이 남긴 건
낡은 구두와 양복,
40년 전 딸에게 사 준
장갑뿐이었답니다.